Mehr von Kosmo & Klax:

Gute-Nacht-Geschichten

Alle Titel der Reihe sind auch als Hörbuch erhältlich.

© mixtvision Verlag, München 2016
www.mixtvision-verlag.de
Alle Rechte vorbehalten.
Lektorat: Martina Kuscheck
Umschlagillustration: Timo Becker
Grafik und Gestaltung: Anke Elbel
Druck und Bindung: Grafisches Centrum Cuno, Calbe

MIX
Papier aus verantwor-
tungsvollen Quellen
FSC® C043106

ISBN 978-3-95854-062-0

Alexandra Helmig

Kosmo & Klax

Jahreszeiten-Geschichten

Mit Illustrationen von Timo Becker

MIXTVISION
Weiter. Erzählen.

Kosmo & Klax
und ihre Freunde

Kosmo

ist der heimliche Held der Freunde. Das neugierige Eichhörnchen hat den Kopf voller Ideen. Zusammen mit seinem Freund Klax wohnt Kosmo in einem Baumhaus im Tal des verwunschenen Parks.

Klax

Der kleine rote Ball stürzt sich übermütig in jedes Abenteuer. Eine goldene Krone ist dabei sein ständiger Begleiter. Wenn ihm mal wieder ein Missgeschick passiert, sucht er häufig Schutz bei seinem besten Freund Kosmo.

Herr Mümmelmann

ist ein herzensguter Angsthase, der dies aber nie zugeben würde. Aufgeregt hoppelt er in jedes Abenteuer und beeindruckt seine Freunde mit Charme und Fantasie.

Lili Graumaus

Die Kleinste im Freundeskreis ist nicht
zu unterschätzen. Mit ihrer
pfiffigen und aufgeweckten Art
hilft sie den Freunden oftmals
aus der Patsche.

Frau Gans

Die vornehme Dame verlässt das
Haus niemals ohne Hut. Mit ihrem
Gesang geht sie den Freunden zwar
manchmal gehörig auf die Nerven,
dennoch ist sie bei allen sehr beliebt.

Bibo Biber

Der geschickte Handwerker ist selten um
einen Spruch verlegen. Wie ein Wirbelwind
saust er umher und ist bei kleinen und
großen Problemen immer zur Stelle.
»Wenn es irgendwo brennt, und alles
pennt, ist es Bibo, der rennt.«

Knabba

Der vielgereiste Weltenbummler
ist Kosmos Cousin. Er erscheint
nie ohne seine coole Brille
und einen Koffer
voller Überraschungen.

Echte Freunde
halten zusammen

In einem verwunschenen Park, hoch oben in den Wipfeln einer alten Eiche lebt Kosmo, das neugierige Eichhörnchen. Wie so oft sitzt es heute vor seinem Bauhaus und blickt über die bunte Wiese und den alten Spielplatz daneben. Blumen in allen Farben gibt es hier zu sehen, und es duftet nach Sommer. Trotzdem ist es Kosmo schwer ums Herz.

»Wo sind bloß die anderen Eichhörnchen?«, murmelt Kosmo traurig und reibt sich mit seinem Schwanz den Schlaf aus den Augen. Plötzlich entdeckt er hinter einem Busch etwas Rotes.

Neugierig klettert er vom Baum hinab und findet einen kleinen
roten Ball.

»Wer bist du denn?«, fragt Kosmo.

»Ich? Ich bin ein verzauberter Froschkönig«, antwortet der
kleine Ball stolz.

Kosmo überlegt. »Das glaube ich nicht. Ich finde, du siehst aus
wie ein Ball.«

Wütend deutet der kleine Ball auf seinen Kopf: »Und was ist
das, hm? Siehst du meine Krone nicht?«

Kosmo schüttelt den Kopf.

Da kullern Tränen über den dicken Bauch des kleinen Balls.

Er schluchzt: »Ich glaube, ich hab meine Krone verloren.«

»Deine Krone ...«, sagt Kosmo nachdenklich. »Ich glaube,
die habe ich gesehen.«

»Ja, wo denn?«, fragt der kleine Ball freudig und ungeduldig
zugleich.

Kosmo wedelt mit seinem Schwanz in Richtung Baum und
tatsächlich: Eine kleine goldene Krone baumelt hoch oben
an einem Ast.

»Aber wie soll ich denn da hinkommen?«, jammert der kleine
Ball und schlägt die Hände vors Gesicht.

Blitzschnell klettert Kosmo auf den Baum,
wedelt mit seinem Schwanz die Krone
vom Ast herunter und setzt sie dem
staunenden kleinen Ball auf den Kopf.
»Hier«, sagt er außer Atem. »Das war ein Klacks
für mich«.
Der kleine Ball freut sich. So sehr, dass er knallrot
zu leuchten beginnt. »Danke, du bist ein echter Freund!«
Kosmo strahlt und blickt verlegen auf den Boden. »Wollen wir
wirklich Freunde sein?« Und als der Ball nickt, sagt er: »Ich bin
Kosmo. Kosmo mit großem K. Und wie heißt du?«
Der kleine Ball überlegt kurz und ruft: »Klax, ich heiße Klax.
Klax mit kleinem x.«
Und so beginnen die Abenteuer von Kosmo und Klax.

Wie siehst du denn aus?

Klax hat einen kleinen Spiegel gefunden. »Guck mal, was ich hier habe«, ruft er Kosmo zu und betrachtet sich voller Freude von allen Seiten darin.

Neugierig kommt Kosmo angelaufen. »Oh, lass mich auch mal sehen«, ruft er aufgeregt und schneidet seinem Spiegelbild eine Grimasse.

»Wie du aussiehst«, lacht Klax und kugelt sich auf der Wiese. Dann macht er auch ein komisches Gesicht und beide müssen schrecklich lachen. Plötzlich wird Klax ganz still und piepst traurig: »Du, Kosmo, warum hab ich eigentlich keinen Schwanz?«

»Na weil, weil du kein Tier bist.«

»Haben alle Tiere einen Schwanz?«

»Ja, ich glaube schon«, sagt Kosmo.

Ein Schmetterling flattert an ihnen vorbei.

»Hallo, Herr Schmetterling«, ruft Klax ihm zu, »hast du einen Schwanz?«

»Einen Schwanz? Um Himmels Willen. Nein!«, entgegnet der Schmetterling empört. »Ich, ich habe Flügel.« Und schon ist er davongeflogen.

Kurze Zeit später seilt sich eine Spinne von einem Baum herab.
»Hallo, Frau Spinne«, ruft Klax, »hast du einen Schwanz?«
»Einen Schwanz, spinnt ihr?«, grummelt die Spinne und spinnt
weiter an ihrem Netz.
Dann entdecken die Freunde einen Frosch, der inmitten einer
großen Pfütze herumplanscht.
»Hallo, Herr Frosch, hast du einen Schwanz?«
»Ich? Nein, was für eine Frage«, quakt der Frosch. »Ich habe
eine klebrige Zunge.« Und schwups – landet seine lange,
klebrige Zunge mitten in Klax' Gesicht. »Siehst du«, sagt der
Frosch und zieht ihn zu sich heran.

»Das ist ja eklig«, schreit Klax, reißt sich los und versteckt
sich hinter Kosmo.
Der Frosch lacht und hüpft davon.
Da sagt Frau Eule, die den beiden schon eine ganze Zeit
zuhört: »Habt ihr es bemerkt? Alle Tiere sehen verschieden
aus und jedes ist etwas Besonderes.«
»Ja, aber ich bin doch nur ein Ball«, sagt Klax traurig.
»Du! Du bist doch ein verzauberter Froschkönig«, sagt
Kosmo und rückt ihm die kleine Krone zurecht. »Und deshalb
bist du etwas GANZ Besonderes.«

Auf die Plätze,
fertig, los!

Kosmo und Klax liegen auf der Wiese vor ihrem Baumhaus und schauen in den Himmel. Ein großer Vogel fliegt über sie hinweg.

»Bist du schon mal geflogen?«, fragt Kosmo und schaut sehnsüchtig nach oben.

Klax blinzelt ins Sonnenlicht. »Natürlich, schon oft sogar«, flunkert er.

»Glaub ich dir nicht«, sagt Kosmo und schubst ihn mit seinem Schwanz.

Klax richtet sich wütend auf. »Und wieso nicht?«

»Weil du nicht einmal klettern kannst«, ruft Kosmo und klettert in Windeseile einen Baum hinauf und wieder hinab. Wieder unten sagt er außer Atem: »Siehst du, das kannst du nicht.«

»Na und, dafür kann ich rollen wie ein Auto.« Klax nimmt seine Krone vom Kopf und rollt über die Wiese so schnell er nur kann.

»Hmm«, sagt Kosmo und denkt nach. Er rennt wieder zu dem Baum. »Aber ich kann so weit springen wie ein Grashüpfer«, ruft er, während er von Ast zu Ast hüpft.

»Na und, dafür kann ich schwimmen wie ein Schiff.« Klax kugelt blitzschnell zum Bach hinunter und lässt sich ins Wasser plumpsen.

Kosmo eilt hinterher und läuft neben Klax am Wasser entlang.
»Aber du kannst nicht so schnell rennen wie ich.«
»Kann ich wohl.« Mit einem großen Satz hüpft Klax wieder an
Land und beide rasen um die Wette über die Wiese und
bleiben schließlich erschöpft nebeneinander im Gras liegen.
»Ich hab gewonnen«, piepst Klax mit letzter Kraft. Er leuchtet
noch röter als sonst.
»Nein, ich«, haucht Kosmo atemlos.
Dann schauen sie sich an und prusten laut los vor Lachen:
»Wir waren beide gleich schnell.« Sie kuscheln sich aneinander
und schauen wieder in den Himmel. Ein kleines rotes Flugzeug
fliegt vorbei und zieht einen weißen Wolkenstreifen hinter
sich her.
»Weißt du was«, sagt Kosmo, »wenn wir groß sind, machen
wir eine Reise mit dem Flugzeug und dann fliegen wir am
Himmel wie die Vögel.«
Bei dem Gedanken fühlen sich beide plötzlich federleicht.
Sie schließen die Augen und träumen davon, wie sie mit den
Wolken um die Wette fliegen.

Endlich
Badezeit

Klax liegt in der Sonne und freut sich über den schönen Tag. Er hat beide Arme von sich gestreckt und genießt die Wärme auf seinem Gesicht.

Kosmo kauert im Schatten seines Lieblingsbaumes und stöhnt: »Mir ist so heiß! Ich kann mich nie wieder bewegen.«

Da hat Klax eine Idee: »Ich hab's, wir machen einen Ausflug zum See.« Begeistert kugelt er über die Wiese. »Los, komm«, schreit er und rollt los.

Kosmo rührt sich nicht vom Fleck. Träge hebt er den Kopf und schaut zu Klax.

»Was ist denn?«, fragt Klax ungeduldig. So kennt er seinen Freund gar nicht.

»Ich mag kein Wasser«, nuschelt Kosmo und fügt trotzig hinzu, »und außerdem kann ich nicht schwimmen.«

Klax überlegt eine Weile. »Das macht doch nichts. Wir bleiben einfach nah am Ufer«, beruhigt er ihn.

Energisch zerrt er Kosmo mit sich. Als sie den See erreichen, hüpft Klax übermütig ins kalte Wasser.

Kosmo bleibt unschlüssig am Ufer stehen.

»Komm, trau dich«, ruft Klax und hüpft ausgelassen im seichten Wasser herum. Er greift einen vorbeitreibenden Ast und bringt ihn Kosmo. »Schau mal, damit kannst du gucken, wie tief der See ist.«

Kosmo sieht ihn misstrauisch an. Doch schließlich nimmt er den Ast und probiert es aus. Wenn er den Boden fühlen kann, traut er sich ein Stück weiter vor. Und noch ein Stück.

Und immer weiter, bis irgendwann nur noch sein Kopf aus dem Wasser schaut. Er holt tief Luft, stößt sich vom Grund ab und beginnt mit den Armen zu rudern.

Klax reibt sich erstaunt die Augen. »Du kannst ja doch schwimmen.«

»Hm, ja. Das wusste ich auch nicht«, murmelt Kosmo verlegen und gleitet wie ein Fisch durch das Wasser.

»Lügner, Lügner«, schreit Klax und spritzt ihn nass.

Kosmo spritzt zurück. Sie planschen und tollen im Wasser herum, bis sie ganz außer Atem sind.

»Weißt du was«, sagt Kosmo und spuckt lachend etwas
Wasser aus, »ich bleibe für immer im Wasser. Hier ist es
so schön kühl.«
Irgendwann wird es den beiden aber doch zu kalt und
sie waten zurück ans Ufer. Und siehe da, wer hätte das
gedacht: Kosmo legt sich neben Klax in die Sonne und
genießt die Wärme auf seinem nassen Fell. Planschen im
Wasser ist doch schön!

Ein echter
Held

Kosmo und Klax sitzen im
Gras und langweilen sich.
Plötzlich landet neben ihnen ein Apfel.
»Wo kommt der denn her?«, fragt Klax.
»Von dort!« Kosmo zeigt auf einen Baum, an dem
viele reife Äpfel hängen. Er hat eine Idee. »Weißt du was, Klax.
Heute ernten wir die Äpfel.«
»Au ja«, piepst Klax und hüpft vor Begeisterung so doll, dass
ihm seine kleine Krone fast vom Kopf rutscht. Plötzlich hält er
inne. »Ich kann doch gar nicht klettern«, murmelt er kleinlaut.
»Aber ich«, ruft Kosmo und klettert flink den Baum hinauf.
Er pflückt einen Apfel, zwei Äpfel, drei Äpfel und wirft schließ-
lich ganz viele Äpfel zu Klax hinunter.
»Stopp«, schreit Klax, der mühsam versucht, den fliegenden
Äpfeln auszuweichen. »Die können wir doch gar nicht alle
essen.«
Da entdeckt Kosmo einen besonders glänzenden Apfel hoch
oben im Baum. Langsam hangelt er sich dorthin, aber der
Apfel hängt so hoch, dass Kosmo das Gleichgewicht verliert
und nach unten plumpst. »Autsch!«
Aufgeregt rollt Klax zu ihm hin. »Hast du dir weh getan?«,
fragt er ängstlich.

Kosmo schüttelt den Kopf, aber eine Träne kullert über sein Fell.
»Warum weinst du dann?«, fragt Klax.
»Weil ich so gerne diesen Apfel da oben hätte.«
Klax überlegt, dann nimmt er seine Krone vom Kopf und setzt
sie Kosmo auf. »Warte, ich hole dir den Apfel.«
Kosmo streichelt ihm mit dem Schwanz über den Kopf:
»Ach, Klax, lass nur, du kannst doch gar nicht klettern.«
»Na und!«, sagt Klax und schüttelt sich. Er nimmt einen
großen Ast, holt Anlauf und rammt ihn mit voller Wucht gegen
den Baum. Etwas benommen landet er wieder neben Kosmo,
der ihn erstaunt ansieht. Auf einmal fallen ganz viele Äpfel
vom Baum.

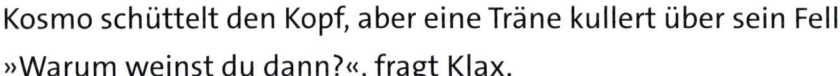

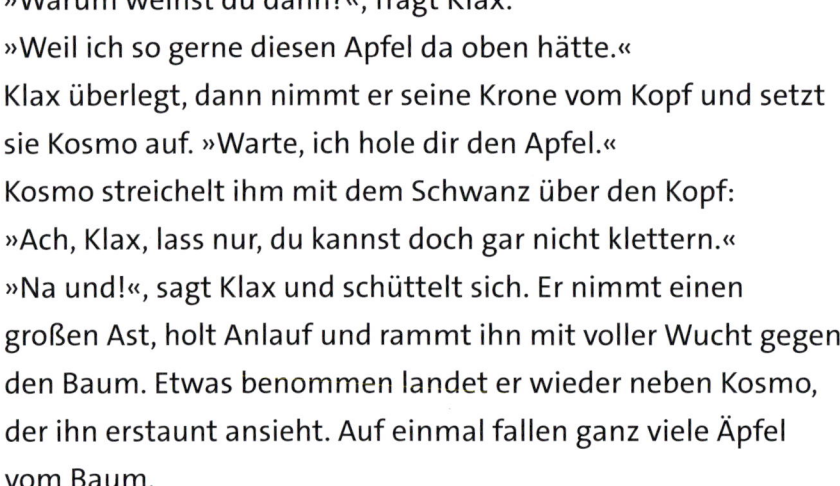

»Was ist das denn?«, ruft Kosmo. Direkt neben ihm im Gras liegt der Apfel, den er so gerne haben wollte. Er setzt Klax seine kleine Krone wieder auf: »Du bist ein echter Held.« Klax wird knallrot vor Freude.

Da segelt ein gelbes Blatt vom Baum herab. Bald kommt der Herbst und neue Abenteuer warten auf Kosmo und Klax.

So ein Mist!

Es ist ein schöner Herbsttag. Kosmo und Klax wandern zu der großen Wiese jenseits des Sees. Auf dem Rücken trägt Kosmo einen Rucksack mit leckeren Äpfeln. Endlich erreichen sie ihr Ziel. Aber was ist das? Ihre ehemals grüne Wiese ist jetzt braun, kurz und stoppelig. Überall liegen riesige Heuhaufen.
»Was ist das denn?«, fragt Klax.
»Getrocknetes Gras«, sagt ein Maulwurf, der sich auf seinem Maulwurfshügel sonnt: »Bald kommt der Bauer und bringt es auf seinen Hof.«
In diesem Moment hören sie schon den Traktor. Schnell verstecken sich Kosmo und Klax in einem der Heuhaufen und klammern sich ängstlich aneinander.

Ehe sie sich versehen, werden sie mit dem Heuhaufen auf den Anhänger gehoben.

»Wo sind wir?«, fragt Klax nach einer Weile und ihm ist ein wenig mulmig zumute.

Da biegt der Traktor um die Ecke und fährt auf einen Bauernhof. Die beiden springen vom Anhänger herunter und flüchten in einen Stall. Dort veranstalten drei grunzende kleine Ferkel gerade eine Schlammschlacht.

»Achtung«, quiekt das Kleinste von ihnen und Klax kann gerade noch der Ladung Dreck ausweichen, die auf ihn zufliegt.

»So eine Schweinerei. Bloß weg hier.« Eilig zieht er Kosmo ins Freie.

Dort trabt ein Pferd auf Klax zu und wiehert: »Lecker, so ein großer Apfel.«

»Nein! Ich bin kein Apfel. Hilfe!«, ruft Klax panisch.

Gerade noch rechtzeitig kommt Kosmo eine Idee.

Er schüttet die leckeren Äpfel aus dem Rucksack, und die kullern dem Pferd genau vor die Hufe.

Schmatzend verschlingt es alle Äpfel mit einem Bissen. Dann
rückt es seine große Brille zurecht und schaut Kosmo und
Klax neugierig an. »Nanu! Wer seid denn ihr?«
»Ich bin Kosmo und das ist Klax«, sagt Kosmo und stellt sich
schützend vor seinen Freund.
»Ich heiße Lissy. Tut mir leid, wenn ich euch erschreckt habe,
aber meine Augen sind nicht mehr so gut. Kann ich
irgendetwas für euch tun?«
»Ja«, ruft Klax, »wir wollen wieder nach Hause.
Kennst du die große Wiese hinter dem See?«
»Ich kann zwar nicht mehr so gut sehen, aber
die kenne ich«, grinst Lissy und schon sitzen
Kosmo und Klax auf ihrem Rücken und reiten
schnell wie der Wind zurück zu ihrem Baumhaus.
Was für ein ereignisreicher Tag!

Das blaugrüne
Ungetüm

Kosmo und Klax sitzen eng aneinander gekuschelt im
Baumhaus. Draußen bläst ein kalter Herbstwind. Der Spiel-
platz ist übersät mit gelben, roten und braunen Blättern.
»Mir ist kalt«, murrt Klax und gräbt seine Finger in Kosmos
Fell.
»Du musst dich bewegen, dann wird dir warm.« Kosmo streckt
sich. »Komm«, ruft er, »wir spielen Fang-das-Blatt.«

Er klettert am Baumstamm hinunter und lässt sich in einen
Blätterhaufen fallen.
Klax nölt: »Ich hab keine Lust.«
»Dann spiel ich eben allein, du Langweiler«, ruft Kosmo
und rennt hinter einem gelben Blatt her.
»Selber Langweiler«, ruft Klax. Verärgert lässt er sich vom
Baum fallen und jagt hinter Kosmo her.

Gemeinsam versuchen sie das gelbe Blatt zu fangen. Sie rennen und springen so hoch sie können, aber vergebens. Immer wenn einer von ihnen es beinahe zu fassen bekommt, fliegt es wieder davon – über den Spielplatz, hinaus auf die Wiese, am Fluss entlang, bis hin zum See mit der alten Trauerweide am Ufer. Plötzlich stolpert Kosmo über ein blaugrünes Ungetüm.

»Klax«, ruft er außer Atem, »guck mal, was ich gefunden habe. Sieht aus wie ein riesengroßer Schmetterling aus Papier.« Neugierig kommt Klax näher. »Nein, das ist ein Drachen, der fliegen kann«, sagt er und freut sich, dass er einmal mehr weiß als Kosmo.

»So ein Quatsch. Wie soll der denn fliegen?«

»Na, so.« Fachmännisch nimmt Klax die Schnur, die an dem Drachen befestigt ist, in die Hand. In diesem Moment wirbelt ein kräftiger Windstoß den Drachen in die Luft – mit weit aufgerissenen Augen klammert sich Klax an die Leine. Aufgebracht rennt Kosmo hinter Klax her, der mit dem Drachen immer höher und höher fliegt. Direkt auf einen Baum zu.

»Ooooje«, piepst Klax und kneift ängstlich die Augen zu.

Aber er hat Glück, der Drachen bleibt
flatternd in der Baumkrone hängen.
Kosmo eilt zu seinem Freund. »Wow«,
sagt er beeindruckt, »wie hoch du geflogen bist.
Hattest du gar keine Angst?«
»Nööö, kein bisschen«, flunkert Klax.
»Zeigst du mir auch mal, wie das mit dem Drachen
geht?«, fragt Kosmo.
»Wenn du mir versprichst, dass du nie
wieder Langweiler zu mir sagst.«
»Ehrenwort«, schwört Kosmo.

Geschichten-erzähler

Seit Tagen regnet es in Strömen. Auf dem Spielplatz haben sich große Pfützen gebildet. Kosmo und Klax sitzen in ihrem Baumhaus. Den ganzen Morgen über haben sie sich Geschichten erzählt. Jetzt fällt ihnen keine mehr ein. Plötzlich klopft es an der Tür. Wer das wohl sein mag?

»Draußen steht Lili Graumaus. Völlig durchnässt piepst sie:
»Darf ich reinkommen? Es regnet so schrecklich und mein Erdloch steht unter Wasser.«

»Natürlich«, rufen Kosmo und Klax wie aus einem Mund, »aber du musst uns eine Geschichte erzählen.«

»Mmh«, sagt Lili Graumaus, »lasst mich mal überlegen.«
Da klopft es schon wieder. Herr Mümmelmann steht vor der Tür. Seine langen Ohren schleifen pitschnass auf dem Boden. »Darf ich reinkommen?«, fragt er, »meine Grube steht unter Wasser.«

»Natürlich«, ruft Klax, »Lili Graumaus wollte uns gerade eine Geschichte erzählen.«

»Ich liebe Geschichten«, sagt Herr Mümmelmann und setzt sich zu Lili aufs Sofa.

Und noch einmal klopft es an der Tür. Es ist die vornehme Frau Gans, die heute gar nicht vornehm aussieht. »Ich darf doch«, sagt sie und watschelt schnurstracks herein.

»Meine gesamte Wohnung steht unter Wasser. Hatschi!« Sie schnäuzt in ihr Taschentuch.

Endlich sitzen alle aneinander gekuschelt auf dem Sofa und Lili Graumaus beginnt zu erzählen: »Es war einmal eine kleine Graumaus, die hatte so große Ohren, dass kein Mäuserich sie heiraten wollte.« Sie stockt und schaut in die Runde. »Weiter weiß ich nicht.«

Da kommt ihr Herr Mümmelmann zu Hilfe: »Eines Tages kam ein stattlicher Hasenprinz vorbei. Seit Jahren schon war er auf der Suche nach einer geeigneten Prinzessin, aber alle hatten zu kleine Ohren ...«

»Guckt mal, es hat aufgehört zu regnen«, ruft Kosmo dazwischen und stürmt nach draußen.

Schnell folgen ihm Klax, Lili Graumaus, Herr Mümmelmann
und die vornehme Frau Gans im Gänsemarsch.
Am Himmel entdecken sie einen wunderschönen
Regenbogen.
Leise fragt Klax: »Und was passierte mit der Graumaus?«
»Die heiratete den Hasenprinzen und sie lebten glücklich
bis an ihr Lebensende im Regenbogenland«, flüstert
Herr Mümmelmann.

Kugelrund
verliebt

Wo wollt ihr denn hin?«, fragt Lili Graumaus erstaunt, als
Kosmo und Klax an ihr vorbeimarschieren.
»Wir machen einen Ausflug in die Stadt«, sagt Klax stolz.
»Oh, da müsst ihr unbedingt meinen Onkel Rudi grüßen«,
ruft Lili Graumaus freudig. »Er wohnt gleich hinter der Brücke
in einer riesigen Lagerhalle.«
»Machen wir«, rufen Kosmo und Klax und eilen weiter.
Nachdem sie die Brücke überquert haben, erreichen sie
die riesige Lagerhalle.
»Hallo, Onkel Rudi«, rufen sie laut, »schöne Grüße von deiner
Nichte, Lili Graumaus.«

Ein flinker Mäuserich kommt auf die beiden zugerannt:
»Grüße von meiner Lieblingsnichte. Das ist aber schön.«
Er schüttelt den beiden eifrig die Hände. »Guckt mal hier«,
sagt er und deutet verschwörerisch auf ein Loch in der Wand:
»Das hab ich gebuddelt. Dahinter befindet sich die größte
Fischausstellung der Welt.«
Kosmo und Klax zwängen sich durch das Loch und sehen sich
staunend um: überall Aquarien, in denen sich Fische in den
unterschiedlichsten Farben und Größen tummeln. Plötzlich
bleibt Klax wie hypnotisiert vor einem wunderschönen, bunt
schillernden Kugelfisch stehen.
Er flüstert: »Kiki.«
»Wer?«, fragt Kosmo verdutzt.
»Sie heißt Kiki.« Verliebt zeigt Klax auf den Kugelfisch.
Auf einmal springt Kiki aus ihrem Becken heraus direkt in
Klax' Arme. Platsch! Schnell steckt der kleine Ball sie in den
Rucksack und rollt nach draußen – vorbei an Rudi, der sich ein
wenig wundert – bis zum Baumhaus. Dort öffnet er vorsichtig
den Rucksack. Aber was ist das? Die schöne Kiki schillert gar
nicht mehr bunt, sondern ist furchtbar blass geworden.

»Sie braucht Wasser«, erklärt ihm Frau Eule, »sonst kann sie nicht leben.«

Schweren Herzens bringt Klax seine neue Freundin hinunter zum Bach. Kaum ist Kiki im Wasser, fängt sie wieder an zu schillern.

Übermütig springt sie noch einmal ans Ufer und drückt Klax einen feuchten Schmatzer auf den Mund: »Ich komme wieder«, ruft sie, »und dann erzähle ich dir von meiner Reise zum Meer.«

Klax sieht ihr sehnsüchtig nach.

»Guck mal, ich bin auch ein Kugelfisch«, sagt Kosmo und bläst die Backen voller Luft.

Klax kugelt sich vor Lachen.

Ich sehe was,
was du nicht siehst

E s ist alles so grau«, seufzt Klax, »wo sind bloß die ganzen
Farben geblieben?«

»Weiß auch nicht«, sagt Kosmo.

Eine Weile sitzen sie nebeneinander und blasen Trübsal.

Plötzlich sagt Klax: »Ich sehe was, was du nicht siehst und
das ist rund, knubbelig und braun.«

»Der Ast da«, ruft Kosmo und klettert siegessicher darauf zu.

»Nein«, quietscht Klax: »Du! Rund, knubbelig und braun, das
bist du.«

Kosmo sieht an sich herunter. »Wo bin ich denn knubbelig?«
»Na, deine Nase ist doch ganz knubbelig«, sagt Klax und
stutzt dann: »Warum eigentlich?«, will er wissen.
Kosmo zuckt mit den Achseln: »Meine Mama hat immer
gesagt, dass meine Nase so knubbelig ist, weil ich sie überall
hineinstecken muss.«
Aber Klax hört schon nicht mehr zu. Fasziniert schaut er in
Richtung Wiese und flüstert in die Dunkelheit: »Ich sehe was,
was du nicht siehst, und das leuchtet so hell wie ein Stern.«
Auch Kosmo entdeckt jetzt die strahlenden Ballons, die – wie
von unsichtbarer Hand gezogen – in der Luft schweben.
Neugierig laufen sie darauf zu und sehen eine Menge Tiere,
von denen jedes eine Laterne vor sich her trägt. Auch ihre
Freunde entdecken sie: Herr Mümmelmann hat eine orange
Laterne, die aussieht wie eine riesengroße Mohrrübe, und die
vornehme Frau Gans hat sich eine Laterne gebastelt, die sie
wie einen Regenschirm über ihrem Kopf trägt. Aber dann
entdecken Kosmo und Klax einen kleinen Igel, der weinend
unter einem Baum sitzt.
»Wieso bist du so traurig?«, fragt Klax voller Anteilnahme.

Der kleine Igel sieht die beiden aus verweinten Augen an und
schluchzt: »Meine Laterne ist kaputt. Der Stiel ist abgebrochen
und jetzt kann ich sie gar nicht mehr tragen.«
Kosmo blickt sich um. Am Baum über ihnen entdeckt er einen
Zweig, den der Wind abgeknickt hat. Schnell klettert er hinauf

und holt ihn herunter. »Guck mal, wie neu«, sagt er und hängt
die Laterne daran.
Der kleine Igel strahlt. Gemeinsam folgen sie den anderen
Tieren und singen Laternenlieder bis spät in die Nacht. Wofür
Freunde doch gut sind!

Weihnachten mit Knabba

R ate mal, von wem der ist?«, ruft Kosmo aufgeregt und hält
Klax einen Brief unter die Nase: »Der ist von meinem
Cousin Knabba. Er kommt uns an Weihnachten besuchen.«
Klax rollt freudig im Baumhaus umher. »Juchhu! Wir feiern
ein richtiges Weihnachtsfest.«
In den nächsten Tagen sind Kosmo und Klax mit den Vorberei-
tungen für das Fest beschäftigt. Sie backen Kosmos Lieblings-
plätzchen: riesige Nussecken, die unglaublich köstlich
schmecken. Im Wald finden sie eine kleine Tanne, die ihnen
Bibo Biber abnagt. Sie stellen die Tanne vor ihr Baumhaus
und die vornehme Frau Gans verwandelt sie mit Lametta
und bunt glitzernden Christbaumkugeln in einen festlichen
Weihnachtsbaum.
Da klopft es. Ein kleiner Siebenschläfer steht vor der Tür.
»Bonsoir, Mesdames et Messieurs!«

»Knabba!«, ruft Kosmo und die beiden fallen sich um den Hals. Zur Begrüßung singen alle: »O du fröhliche«.

Knabba ist tief gerührt. »Schön habt ihr es hier«, sagt er und sieht sich neugierig um.

»Wir haben schon alles vorbereitet, nur die Bratäpfel fehlen noch«, erklärt Klax stolz.

»Lecker«, schmatzt Knabba und knabbert an einer Nussecke.

Während Kosmo und Klax die Äpfel füllen, trällert Frau Gans Weihnachtslieder. Lili Graumaus pfeift die zweite Stimme und Herr Mümmelmann trommelt mit seinen Ohren den Takt dazu.

»So«, sagt Kosmo und schiebt die Äpfel in den Ofen, »jetzt müssen wir nur noch warten, bis die Äpfel fertig sind. Dann können wir mit der Bescherung beginnen.«

Aber als die Äpfel endlich goldbraun sind, sind alle schon schrecklich müde.

»Wollen wir vor der Bescherung noch ein Nickerchen machen?«, fragt Kosmo und gähnt.

»Oh ja«, murmeln die anderen und kuscheln sich in dem großen Bett aneinander. Nach einer Weile schlafen sie tief und fest.

Als sie aufwachen, ist es draußen schon hell.

Kosmo blinzelt müde: »Oje, wir haben die Bescherung verschlafen.«

»Wieso denn? Bei uns zu Hause machen wir die Bescherung immer erst am Morgen nach dem Weihnachtsabend«, sagt Knabba.

Erleichtert holen alle ihre Geschenke hervor. Es wird munter ausgepackt, begutachtet und gelacht. Kosmo hat Klax eine Krone aus Nüssen gebastelt und Klax hat für seinen Freund einen Schal gestrickt.

Der sprechende Schneemann

Kosmo schaut aus dem Fenster. »Klax«, ruft er aufgeregt und zerrt an dessen Decke, »guck doch mal, wie schön weiß alles ist!«

Ungläubig reibt sich Klax die Augen: Der ganze Spielplatz ist mit einer weißen Schneeschicht bedeckt.

»Komm«, sagt Kosmo, »wir gehen Schlitten fahren.« Er bindet sich seinen rosa Lieblingsschal um und Klax setzt seine dicke Wollmütze auf.

»Du, Kosmo«, fällt Klax ein, »wir haben gar keinen Schlitten.«

Kosmo sieht sich nachdenklich auf dem Spielplatz um. In den Ästen eines Baumes hat sich eine gelbe Tüte verfangen.

»Das ist unser Schlitten«, ruft Kosmo begeistert und holt die Tüte vom Ast.

Voller Vorfreude wandern die beiden zu dem großen Hügel jenseits des Baches. Oben angekommen, setzen sie sich hintereinander auf ihre Schlittentüte und sausen mit Schwung den Hügel hinunter. Sie lachen und quietschen vor Vergnügen.

»Los«, ruft Kosmo und rennt zur anderen Seite des Hügels, »hier ist es noch steiler.«

In einem Affenzahn jagen sie auch diesen Abhang hinunter.

»Hilfe«, schreien beide noch und rasen mit voller Wucht in einen riesigen Schneemann. Mühsam rappeln sie sich wieder auf.

Da hören sie eine gepresste Stimme: »Na, na, was sind denn das für Manieren?«

Erschrocken sehen sich Kosmo und Klax an. Ein sprechender Schneemann? Wo gibt es denn sowas?

»Hat es euch etwa die Sprache verschlagen?«

»Äh, nein, ja, doch«, stottern Kosmo und Klax gleichzeitig, »wir wussten nicht, dass Schneemänner sprechen können.«

»Und ob. Mir tut alles weh von eurem Aufprall.«

»Oje, das wollten wir nicht«, sagt Klax kleinlaut. »Wie können wir denn das wieder gut machen?«

Der Schneemann kichert: »Ihr könnt mir euren Schal und eure Mütze leihen, mir ist so schrecklich kalt.«

»Natürlich«, rufen beide sofort.

Der Schneemann kichert schon wieder. Irgendetwas
stimmt hier nicht. Vorsichtig gehen Kosmo und Klax
um den Schneemann herum und entdecken
Herrn Mümmelmann, Lili Graumaus und die vornehme
Frau Gans, die sich vor Lachen die Bäuche
halten. »Ich bin ein sprechender Schneemann«,
prustet Herr Mümmelmann und knufft
die beiden in die Seite.

Ein Held
mit Kaliber

Frau Eule ist heute schon früh am Abend unterwegs. »Ein neues Jahr beginnt«, ruft sie Kosmo und Klax im Vorbeifliegen zu.

»Wann denn genau?«, will Kosmo wissen.

»Heute Nacht«, trällert Frau Eule gut gelaunt und fliegt davon.

»Oje, da schlafen wir doch schon. Wie sollen wir das denn mitkriegen?«, murmelt Klax. Ratlos gehen die beiden in ihr Baumhaus.

»Guck mal, Kosmo, Frau Gans hat ihren Hut vergessen«, ruft Klax. »Den wird sie bestimmt vermissen.«

Eilig machen sie sich auf die Suche nach Frau Gans. Als sie am Fluss vorbeikommen, hören sie schon von weitem lautes Geschnatter.

Frau Gans thront mitten auf einem Biberbau. »Was ist denn das?«, ruft sie erschrocken, als sie ihren riesigen Hut durch die Nacht wandern sieht.

»Wir sind's«, rufen Kosmo und Klax und springen unter dem Hut hervor.

»Das ist aber eine Überraschung!«, lacht Frau Gans.

Hinter ihrem Rücken erscheint ein Biber mit zwei langen Nagezähnen, die ihm lustig aus dem Mund herausstehen. »Guten Abend, ich bin Bibo Biber, ein Held mit Kaliber.«

»Äh«, stottert Kosmo, »wir sind K...K...K... Kosmo und Klax.«

»Nur immer herein in den lustigen Verein.«

Frau Gans kichert.

Bibo verschwindet in seinem Bau und kommt mit vier Tellern heißer Suppe zurück. »Guten Nager!«, brummelt er und schlürft lautstark die Suppe in sich hinein. Den ganzen Abend erzählt Bibo lustige Geschichten und Witze.

Irgendwann sind Kosmo und Klax so müde, dass sie ein-
schlafen. Um Mitternacht fängt es an zu donnern und
zu blitzen.

»Was ist das?«, fragt Klax ängstlich. »Ein Gewitter?«

»Aber es regnet doch gar nicht«, stutzt Kosmo.

Als sie zum Himmel schauen, trauen sie ihren Augen nicht.
Unzählige bunte Leuchtraketen erhellen die Nacht. Es zischt
und pfeift aus allen Richtungen.

»Frohes Neues Jahr ...«, beginnt Bibo feierlich und Frau Gans
säuselt: »... das Leben ist so wunderbar.«

Leise flüstert Klax: »Abendstund ist kunterbunt.«

Und Kosmo ergänzt: »Und Klax ist kugelrund.«

Bibo sieht Kosmo an und lacht laut: »Du bist mir vielleicht
einer, so wie du ist keiner!« Begeistert drückt er seine neuen
Freunde an sich.

Er lebe hoch

Frau Eule fliegt am Fenster des Baumhauses von Kosmo und Klax vorbei. Im Schnabel trägt sie einen Brief. »Kosmo, Klax! Ein Brief für euch!«

Neugierig steckt Klax seinen Kopf aus dem Fenster. »Von wem ist er denn?«

»Das müsst ihr schon selbst herausfinden«, ruft Frau Eule lächelnd und lässt den Brief fallen.

Schnell reißen Kosmo und Klax den Briefumschlag auf. Darin finden sie ein Bild von Kosmos Cousin Knabba in einem Indianerkostüm. »Juchhu«, ruft Klax, »eine Einladung zum Karnevalsfest.«

»Guck mal, was hier noch steht«, ruft Kosmo und zeigt auf die Rückseite des Briefes: »Knabba hat uns ein Taxi bestellt.« Voller Vorfreude packen die beiden ihre Koffer. Als sie gerade fertig sind, kommt ein Pferd mit einer dicken Brille auf den Nüstern angetrabt.

»Sieht aus wie Lissy«, flüstert Kosmo Klax ins Ohr.

»Eine Reise nach Knabbstadt«, wiehert das Pferd, »bin ich da richtig?«

»Lissy«, rufen Kosmo und Klax, »das ist aber eine Überraschung!« Die beiden Freunde steigen auf Lissys Rücken. Als sie in Knabbstadt ankommen, ist der Karnevalszug bereits in vollem Gang.

Aber wo ist Knabba? Sie können ihn nirgendwo entdecken.
Der Karnevalszug endet unter lautem Gejohle auf einem
großen Platz.
»Und was passiert jetzt?«, fragt Klax den Fuchs, der sich
als Gans verkleidet hat.
»Wir wählen den diesjährigen Karnevalsprinzen aus!«
Plötzlich ruft jemand neben Klax: »Hier! Ich habe ihn
gefunden, unseren Prinzen. Seht doch nur, er hat sogar
schon eine Krone auf.«
Alle blicken zu Klax, der unter seinem Froschkostüm
puterrot wird. Ein Tuscheln und Raunen geht durch die

Menge, dann heben sie ihn in die Höhe und jubeln: »Hoch
soll er leben, unser Karnevalsprinz!«
»Bonsoir monsieur! Bist du ein echter verzauberter Frosch-
könig?«, fragt ein dicker Maikäfer, der Kosmo und Klax
schon eine Weile beobachtet hat.
»Ich weiß es nicht so genau«, haucht Klax verlegen.
»Wenn ich dich küsse, wirst du dann zum Prinzen?«
Ohne die Antwort abzuwarten, drückt der Maikäfer Klax
einen dicken Kuss auf die Wange.
Der schaut verwirrt zu Kosmo. Wer da wohl unter dem
Maikäferkostüm steckt?

Das Lied
vom Frühling

Die Sonne scheint in das Baumhaus von Kosmo und Klax und malt helle Streifen auf den Boden.

Langsam öffnet Klax die Augen und blinzelt ins Sonnenlicht. Er atmet tief ein und richtet sich auf. Angestrengt schnuppert er in die Luft. »Du, Kosmo«, ruft er aufgeregt und stupst seinen Freund in die Seite, »riechst du das auch?«

»Was denn?«, murmelt Kosmo im Halbschlaf.

»Es riecht anders als sonst. Ich weiß auch nicht. Aber irgendwie anders.«

Kosmo sieht ihn fragend an.

»Ich hab's«, ruft Klax nach einer Weile, »es riecht nach Frühling.«

Kosmo hält seine Nase in die Luft. »Du hast recht«, ruft er, »die Luft ist auch viel wärmer als in den letzten Tagen.«

Ausgelassen hüpfen sie aus ihrem Bett und hinaus ins Freie. Der Schnee ist über Nacht fast weggetaut, nur noch vereinzelt liegen kleine Schneehaufen auf der Wiese. Kosmo und Klax rennen über den Spielplatz und schauen nach, ob noch alles genauso aussieht wie im letzten Jahr. Unter den Schaukeln entdeckt Klax weiße Blumen, die aussehen wie kleine Glocken. »Guck mal, Kosmo«, ruft er, »sind die nicht schön?«

»Das sind Schneeglöckchen«, sagt Kosmo und schnuppert an einer Blüte. Sie duftet süß.

Aus der Ferne hören sie eine Melodie, die von der großen Wiese durch den Wald herüber schallt. Neugierig rennen sie dem Gesang entgegen. Etliche Tiere scharen sich um den großen Baum in der Mitte der Wiese. Hoch oben in der Baumkrone sitzt ein Kuckuck, der in den schönsten Tönen trällert.

»Was singt der Kuckuck?«, fragt Klax leise bei Frau Eule nach,
die sich zwischen die beiden gesetzt hat.
»Er ruft den Frühling herbei«, flüstert Frau Eule und beginnt
ebenfalls leise zu singen.
Immer mehr Tiere stimmen ein. Gemeinsam singen sie das
Lied vom Frühling:

> *»Frühling, Frühling, komm geschwind,*
> *mit dir freuen sich Tier und Kind.*
> *Lass die Blumen bunt erblühen,*
> *mach die Wälder wieder grün.*
>
> *Frühling, Frühling, komm herbei,*
> *mach uns fröhlich, frech und frei.*
> *Lass uns tanzen, singen, lachen*
> *und verrückte Sachen machen!«*

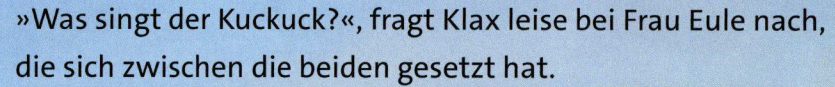

Bummelbienes
Geheimnis

Kosmo und Klax sind heute mit den ersten Sonnenstrahlen
aufgewacht. Als sie aus dem Fenster sehen, herrscht auf
der Wiese bereits eifriges Treiben. Viele Tiere sind aus dem
Winterschlaf erwacht und die ersten Blumen recken ihre
Köpfe gierig der Sonne entgegen.

»Juchhu«, ruft Klax, »endlich Frühling!« Er fasst Kosmo an
den Händen und tanzt mit ihm durch das Baumhaus.

»Jetzt machen wir Frühjahrsputz«, ruft Kosmo übermütig
und beginnt schwungvoll mit seinem Schwanz den Boden zu
fegen.

Klax rollt ausgelassen hinter ihm her.

Da steckt der kleine Igel seinen Kopf durch die Balkon-
tür: »Guten Morgen!«, piepst er und streckt sich
ausgiebig.

»Hast du gut geschlafen?«, fragt Klax.

»Ja, ganz wunderbar. Vielen Dank!«, murmelt der kleine Igel. Er packt seine sieben
Sachen und verabschiedet sich.

»Komm doch im nächsten Jahr wieder!«, rufen Kosmo und Klax ihm hinterher.

»Oh ja, gerne«, freut sich der kleine Igel und winkt ein letztes Mal.

Plötzlich hören Kosmo und Klax ein lautes Summen. Aha! Bummelbiene ist auch schon unterwegs. In Pirouetten schwirrt sie durch die Luft und begrüßt freudig alle Blumen.

»Kommt doch mal runter«, ruft sie Kosmo und Klax zu. Flink klettern die beiden den Baumstamm hinunter.

»So viele schöne Blumen«, staunt Kosmo und schnuppert an jeder Blüte.

»Kennt ihr die schönste Sommerblume der Welt?«, fragt Bummelbiene.

Kosmo und Klax schütteln die Köpfe.

Geheimnisvoll drückt Bummelbiene ihnen etwas Kleines, Rundes in die Hand: »Pflanzt dieses Samenkorn bei Sonnenuntergang. Wenn die erste Knospe sich öffnet, beginnt der Sommer.«

Ehrfürchtig nimmt Kosmo den kostbaren Samen entgegen.
Den ganzen Tag über warten die beiden Freunde nun ungeduldig auf den Sonnenuntergang. Als es endlich zu dämmern beginnt, gräbt Kosmo hinter dem Baumhaus ein kleines Loch und steckt das Samenkorn behutsam in die Erde.
»Jetzt müssen wir nur noch warten, bis die Blume anfängt zu blühen «, flüstert Klax andächtig.
»Und dann ist Sommer«, ergänzt Kosmo.

Ein ganz besonderes Osterei

Wo bleibt denn nur Herr Mümmelmann?«, fragt Kosmo
ungeduldig, »sonst kommt er doch nie zu spät.«
»Er ist schon seit Tagen so zerstreut«, meint Frau Gans.
Und Lili Graumaus schlägt vor: »Lasst uns doch zu ihm gehen.«
Als die Freunde Herrn Mümmelmanns Bau betreten, herrscht
dort wildes Chaos. Überall liegen Eier und Töpfe herum, Farb-
kleckse bedecken den Boden. Dazwischen hoppelt Herr Mümmelmann aufgeregt hin und her und murmelt: »Oje, oje, oje,
ich schaff das nicht.«
»Was schaffst du nicht?«, fragt Klax und setzt sich aus Versehen auf ein großes Ei.

»Nicht da drauf setzen!«, schreit Herr Mümmelmann entsetzt.
Zu spät! Mit einem Knacken zerbricht das Ei in tausend kleine
Einzelteile. Herr Mümmelmann starrt auf das kaputte Ei und
eine Träne rinnt an seinen Barthaaren entlang.

»War das ein besonderes Ei?«, fragt Kosmo nach einer Weile
leise.

Herr Mümmelmann sieht ihn aus verweinten Augen an und
schluchzt: »Ja! Seit Tagen male ich an diesem Ei. Es war mein
Meisterstück für die Osterhasenprüfung.«

»Ich schäme mich so«, murmelt Klax kleinlaut. »Wie kann ich
das nur wieder gutmachen?«

Alle überlegen angestrengt.

Da hat Frau Gans eine Idee: »Wie wäre es mit Klax?«

»Du meinst, Klax als Osterei?«, lacht Kosmo. »So etwas Lusti-
ges hab ich schon lange nicht mehr gehört.«

»Eigentlich eine tolle Idee«, überlegt Lili Graumaus und die
anderen nicken zustimmend.

Flink machen sie sich an die Arbeit und im Nu verwandeln
sie Klax in ein bunt bemaltes Osterei. Stolz betrachten sie ihr
gemeinsames Werk, da klopft es an der Tür.

»Achtung, das ist mein Osterhasenlehrer«, zischt Herr Mümmelmann.

Ein älterer Hase mit grauen Barthaaren stolziert herein.

»So, mein lieber Herr Mümmelmann, wo ist denn dein Meisterstück?«

Mit zitternden Händen deutet Herr Mümmelmann auf Klax, der bewegungslos als »Ei« auf dem Tisch thront.

Der Osterhasenlehrer nähert sich dem bemalten Klax. Kritisch rückt er seine Brille zurecht und mustert das »Osterei« eingehend. Klax hält die Luft an. Schließlich seufzt der Osterhasenlehrer: »Das ist das schönste Osterei, das ich seit langem gesehen habe. Herzlichen Glückwunsch, Herr Mümmelmann. Du hast die Prüfung mit Bravour bestanden. Jetzt bist du ein richtiger Osterhase!

Da strahlt Herr Mümmelmann übers ganze Gesicht.

Aprilschatz

Lili Graumaus kommt Kosmo und Klax gut gelaunt und laut pfeifend entgegen.

»Was ist denn mit dir los?«, ruft Kosmo.

»Ich habe etwas Tolles gefunden«, juchzt Lili Graumaus vergnügt.

»Was denn?«, fragt Klax neugierig.

»Ihr dürft es niemandem erzählen«, flüstert Lili Graumaus geheimnisvoll. »Ich weiß, wo ein Schatz versteckt ist.«

»Was? Wo?«, fragen Kosmo und Klax aufgeregt.

»Geht zu dem großen Baum in der Mitte der Wiese. Dort macht ihr zehn Schritte nach rechts, zwei Purzelbäume und dann fünf Hopser nach links. An dieser Stelle liegt der Schatz vergraben.«

Ohne weiter nachzufragen, rennen Kosmo und Klax los. Als sie die große Wiese erreichen, ist Herr Mümmelmann auch schon da.

»Was macht ihr denn hier?«, fragt er erschrocken.

»Och«, schwindeln Kosmo und Klax, »wir wollen nur ein biss-
chen spielen. Und was machst du hier?«
»Och«, flunkert Herr Mümmelmann, »ich mache meine
morgendliche Gymnastik. Hüpf, hüpf, hüpf.«
Von weitem hören sie ein lautes Geschnatter. Die vornehme
Frau Gans kommt mit Biber Bibo anmarschiert, der eine riesige
Schaufel unterm Arm trägt.

»Was macht ihr denn hier?«, ruft Kosmo erstaunt.

Frau Gans blinzelt unter ihrem Hut hervor und antwortet schnippisch: »Wir gehen spazieren, ist das verboten?«

»Äh, nein«, antwortet Klax hastig.

»Aber was wollt ihr mit der Schaufel?«, fragt Herr Mümmelmann.

»Ein Loch zum Sonnen buddeln«, schwindelt Frau Gans ohne mit der Wimper zu zucken.

»Genau«, schmunzelt Bibo, »einen Sonnenplatz für meinen Schatz.« Verliebt schaut er zu Frau Gans und beginnt in der Erde zu buddeln. Plötzlich stößt er auf ein kleines, braunes Kästchen.

»Ratzfatz, da hat er ihn, den Schatz«, jubelt Bibo begeistert.

Neugierig schielen alle auf das »Schatzkästchen«.

»Nun mach schon auf«, drängelt Frau Gans ungeduldig.

Vorsichtig öffnet Bibo das Kästchen. Doch was ist das?

Das Kästchen ist leer. Kein Schatz weit und breit. In diesem Moment sehen die Schatzsucher Lili Graumaus und einen Maulwurf, die sich kichernd aus der Grube buddeln.

»April, April«, rufen beide und lachen so sehr, dass sie kaum noch Luft bekommen.

Der fliegende Fremde

Kosmo und Klax sitzen auf dem Dach ihres Baumhauses, als sich der Himmel verdunkelt. Ängstlich schauen sie empor und sehen einen riesigen Schwarm Vögel über sich hinweg fliegen.

»So viele Vögel«, staunt Klax. »Wo kommen die denn alle her?«

Kosmo weiß es auch nicht. »Woher kommt ihr?«, ruft er den Vögeln zu.

»Bisu schnawipfeldi kuseluckl«, schallt es durch die Luft. Kosmo sieht Klax ratlos an. »Hast du das verstanden?«

»Nee, kein Wort. Aber schau doch nur, da kommt einer zu uns geflogen.«

Ein großer, majestätischer Storch hat sich aus dem Schwarm gelöst und lässt sich bedächtig hinabgleiten. Als er neben Kosmo und Klax landet, streifen seine Flügel ihre Köpfe.

»Oh, esushnusi«, trällert er.

»Wie bitte?«, fragt Kosmo und Klax und sieht ihn mit großen Augen an.

»Entschuldigt, ich muss mich erst noch daran gewöhnen, wieder hier zu sein.«

»Wieso? Woher kommst du denn?«

»Von sehr, sehr weit her«, stöhnt der Storch. »Ich bin seit Wochen unterwegs. Ise punuckl ruhle?«

»Ise ... was?«, ruft Klax verständnislos.

»So spricht man dort, wo ich herkomme. Ich meinte natürlich: Darf ich mich hier kurz ausruhen?«

»Klar«, rufen Kosmo und Klax. »Erzählst du uns dann von deiner Reise?«

»Aber gerne«, sagt der Storch geschmeichelt und macht es sich bequem. »Ich bin über Wüsten und Meere geflogen, über Regenwälder und Steppen. Ich habe fremde Länder und Tiere gesehen. Jedes Jahr im Winter fliege ich tausende von Kilometern in den Süden. Das ist ganz schön anstrengend.«

»Aber warum machst du es dann?«, fragt Klax.

»Weil es mir hier im Winter zu kalt ist«, erklärt der Storch.

»Und im Süden ist es warm?«

»Heiß, sehr heiß«, gähnt der Storch und putzt müde seine Flügel. Dann sagt er: »Es war sehr schön bei euch, aber jetzt muss ich leider weiter.«

»Wohin denn?«, fragen Kosmo und Klax.

»Ich muss mir einen geeigneten Platz für mein Nest
suchen.«
Kosmo und Klax sehen sich an und haben die
gleiche Idee: »Bau dir doch hier dein Nest.«
Interessiert schaut sich der Storch auf dem
Dach um. »Wieso eigentlich nicht?«, murmelt
er erschöpft, steckt den Kopf zwischen seine
Flügel und schläft auf der Stelle ein.

Die schönste
Blume

Kosmo und Klax liegen faul in der Sonne.

»Ist jetzt eigentlich schon Sommer?«, fragt Klax.

Kosmo überlegt, dann fällt ihm etwas ein: »Die Blume!«

»Welche Blume?«, fragt Klax neugierig.

»Na, die Blume von der Bummelbiene, die ich für dich am Frühlingsanfang gepflanzt habe.«

Klax erinnert sich wieder. »Wenn sie blüht, ist es Sommer, stimmt's?«

»Ja«, sagt Kosmo und strahlt, »komm, lass uns nachsehen.«

Sie rasen zu der Stelle, wo sie die Blume gepflanzt haben.

»Da ist sie«, ruft Kosmo und deutet auf eine wunderschöne rote Knospe.

»Schade«, sagt Klax enttäuscht, »sie blüht ja noch gar nicht.«

In diesem Moment beginnt die Knospe sich langsam zu öffnen.

Kosmo ergreift ehrfürchtig Klax' Hand.

»Das ist die schönste Blume, die ich je gesehen habe«, flüstert Klax ergriffen. »Weißt du noch, als wir uns im letzten Sommer kennen gelernt haben?«

»Ja«, antwortet Klax, »wenn du nicht gewesen wärest, hätte ich niemals meine Krone wieder gefunden.«

»Und ich hätte nicht so einen tollen Freund!« Kosmo drückt Klax fest an sich.

Was raschelt denn da hinter dem Busch?

»Überraschung«, rufen Herr Mümmelmann, Lili Graumaus und die vornehme Frau Gans.

»Was macht ihr denn hier?«, staunen Kosmo und Klax.

»Wir haben ein Lied gedichtet. Nur für euch! Heute ist doch euer Jahrestag!«

Gerührt schauen sich Kosmo und Klax an. Wie schön, wenn man solche Freunde hat!

Lied für Kosmo & Klax

Riechen, gucken, ausprobieren,
denken, fühlen, schnabulieren.
Jeden Tag auf neue Weise,
gehst du auf Entdeckungsreise.

Mit Kosmo und Klax die Welt verstehen,
sie mit ganz anderen Augen sehen.
Das macht viel Spaß und immerzu
lernst du dabei noch was dazu.

Wer bist du, wie fühlt's sich an?
Wo ist was, Klabautermann!
Über Felder, Stock und Stein,
die Welt soll unser Spielplatz sein!

Mit Kosmo und Klax die Welt verstehen,
sie mit ganz anderen Augen sehen.
Das macht viel Spaß und immerzu
lernst du dabei noch was dazu.

Geschichten, Spiele, Quizaufgaben,
rechnen, malen, Vers aufsagen.
Erlebe das Leben und die Jahreszeiten,
mit Kosmo und Klax, die dich begleiten.

Mit Kosmo und Klax die Welt verstehen,
sie mit ganz anderen Augen sehen.
Das macht viel Spaß und immerzu
lernst du dabei noch was dazu.

Alexandra Helmig

1975 in Düsseldorf geboren, arbeitet als Schauspielerin, Sprecherin und Autorin. Mit ihren preisgekrönten Theaterstücken wurde sie zu zahlreichen Festivals eingeladen. Im mixtvision Verlag sind bereits ihr Kinderroman »Lua und die Zaubermurmel« sowie das Bilderbuch »Im Land der Wolken« erschienen. Sie lebt mit ihrer Familie in München.

Timo Becker

geboren 1988 in Bad Pyrmont, studierte Design an der Fachhochschule Münster. Schon neben dem Studium machte er sich als Eventzeichner und Illustrator selbstständig. Die Bücher der Reihe »Kosmo & Klax« sind seine ersten Arbeiten für den mixtvision Verlag. Heute lebt er mit seiner Familie in Berlin und kreiert liebevoll verspielte Bildwelten.